TIEMPO DE DESCUENTO

BAJO EL PATROCINIO DE

SARAH GIRRI
Y JORGE GALLARDO

BUENOS AIRES

Miguel d'Ors

TIEMPO DE DESCUENTO

COLECCIÓN LA CRUZ DEL SUR • EDITORIAL PRE-TEXTOS

MADRID • BUENOS AIRES • VALENCIA • 2025

Primera edición: noviembre de 2025

© MIGUEL D'ORS, 2025

© DE LA PRESENTE EDICIÓN: PRE-TEXTOS, 2025

LUIS SANTÁNGEL, 10
46005 VALENCIA
WWW.PRE-TEXTOS.COM

IMPRESO EN ESPAÑA
ISBN: 978-84-10309-90-6 • DEPÓSITO LEGAL: V-4256-2025

DISEÑO DE LA COLECCIÓN: ANDRÉS TRAPIELLO Y ALFONSO MELÉNDEZ
AL CUIDADO DE LA EDICIÓN: MANUEL RAMÍREZ

Viñeta: Félix Vallotton, *Mont Blanc* (1892)

Impreso en Safekat S.L.

DOS PALABRAS ANTES

No sin cierta inquietud, entrego a la imprenta estos versos compuestos en lo que Jorge Manrique llamó «el arrabal de senectud» por un autor con una larga carrera a sus espaldas.

Lo más grave que le puede pasar a un poeta viejo es haber perdido la capacidad autoscópica hasta el punto de tomar por poesía las penosas debilidades de una mente senil. Me abstendré de citar aquí casos españoles no muy remotos que todo lector avisado sin duda tendrá presentes.

Lo segundo más grave es que el poeta, convertido en epígono de sí mismo, practique esa modalidad de «escritura automática» que consiste en que los temas, los motivos y los recursos verbales que ha ido haciendo suyos a lo largo de su vida se le disparen mecánicamente, como reflejos condicionados pavlovianos, en cuanto ve ante él un papel o una pantalla. Al no estar impulsados por una verdadera necesidad interior, los versos resultantes no podrán dejar de sonar a hueco.

Pero quizá no sea eso en realidad lo segundo más grave; probablemente lo segundo más grave acaece cuando el poeta, truncando el desarrollo orgánico de su obra, se impone el deber de «evolucionar», «hacer un giro» o «reinventarse» sin estar movido por esa necesidad interior, y da un salto voluntarista en el vacío para, de buenas a primeras, volverse metafísico, minimalista, surrealista o cualquier otra cosa sin precedentes en su trabajo previo. La novedad, o, mejor dicho –evitemos los equívocos modernos–, la sorpresa, o, mejor aún, la imprevisibilidad, es a mi entender uno de los ingredientes necesarios para la belleza poética; pero también es cierto que ningún paso es seguro si no se apoya en el anterior.

¿Qué camino sensato le queda a un poeta viejo? A mi juicio, reincidir en su mundo y en su voz, pero tratando de llevarlos al poema con cada vez mayor precisión, intensidad y belleza, si es que estas tres cosas no son en realidad la misma, de tal manera que el lector experimente a la vez una sensación de familiaridad y otra de novedad.

Eso es lo que desearía que experimentase en este libro. Pocas cosas nuevas encontrará en él si por nuevas entendemos sin precedentes; pero si encuentra en los temas, los motivos y los recursos verbales de siempre ciertos matices, acentos y puntos de vista inéditos, con alguna pequeña aventura por las fronteras de la poesía, no me arrepentiré de haber añadido estos poemas variopintos a los ya muchos que he ofrecido al público desde 1972.

M. d'O.

TIEMPO DE DESCUENTO

MEMORIA, mala amiga, debieras aprender
de esos profesionales de la fotografía
que disparan diez veces
para que en una foto salgas joven y guapo,

a ver si conseguimos
que cuando te pregunte por mi vida
descartes tú también los malos gestos
y los momentos torpes
y quede mi pasado reducido
a un manojo de imágenes felices,
perfecto como el *book*
que te imprime una agencia de modelos.

Que en él esté el abuelo
enseñándome cómo se lleva la escopeta,
aquel gol de cabeza contra los de Tercero,
el firmamento helado y espumoso de estrellas
aquella noche que salí por agua
de la borda de Linza,
el destello del sol en la nieve cimera
de la Llana del Bozo, la calle Petritxol,
mis siete hijos gritando
en el salón donde los Reyes Magos
dejaron sus regalos,

          pero no mis rincones
de sombra, no los miedos
de aquel niño rizado, no la angustia
de no entender la vida a los dieciséis años,
no la negra intención
con que disparé tantas palabras que dolieron
a alguien y a mí me duelen todavía,
no la ridiculez de mi lujuria (porque
ni como pecador fui generoso),
no –lo dije hace tiempo– estos remordimientos
que llegan a mis noches
como esos gatos muertos que las olas
devuelven y devuelven a la playa.

22-II-2022

PLAZA de Cervantes,
Algalia de Arriba...
A las nueve y lluvia
y cuarto, subía,
la cartera a cuestas
—cuadernos, canicas,
cromos repetidos
de los que traían
bajo el envoltorio
las chocolatinas
de Nestlé, compases,
lápices sin mina...–,
con pantalón corto
y mil fantasías
bajo la capucha
de la gabardina,
todas las mañanas
al colegio.
   Iba
pasando *«A Porcona»*
con su galería
de merluzas, nécoras,
cacheiras, tortillas
y cocidos, la
chamarilería

de «El Patrón» y, enfrente,
el taller de Hermida,
.el hojalatero,
y luego, en la esquina,
con aquel olor
que la precedía
varias puertas antes,
la panadería
donde se compraban
los cornechos y la
Cuesta de las Ruedas,
junto a la capilla
de San Roque.
        Ya
no existen Hermida
ni «El Patrón». Tampoco
la panadería
ni «*A Porcona*». (*Ubi
sunt?*, preguntaría
un clásico). ¿Y dónde
se me quedaría
aquel migueliño?

Parece mentira:
todo aquello que
mi memoria mira
esta tarde como
quien ve una película,

todo aquello tan
–¿cómo lo diría?–,
tan ajeno a mí

ha sido mi vida.

12-III y 24-IX-2022

POSDATA

LLUVIA de Santiago,
lluvia que ponía
colores de lunes
a todos los días,

lluvia que, despacio-
samente, caía,
gris y vieja, sobre
mis clases de Física,

Latín, Matemáticas,
Lengua y Geografía,
siempre en la ventana
como una cortina;

lluvia, eterna lluvia
que no distinguía
noviembres de agostos
ni duelos de risas;

que esta tarde cae
en mi memoria y la
cubre con un velo
de melancolía.

Monte Castrove, 15-XII-2023

MÁS de 70 años han pasado
—guerras, modas, catástrofes, gobiernos
y todos los vaivenes de la vida—:
un tramo de la Historia Universal
abrumado de nombres y palabras.
Más de 70 años, y aquí estás esta tarde,
regresando conmigo
—tu sombrero perfecto, tu bastón
y la cadena de oro cruzándote el chaleco—
a tu casa de Calvo Sotelo, 22,
en La Estrada. Yo he ido —con permiso
de la abuela— a esperarte a la salida
del juzgado y camino orgulloso a tu lado.
Llegamos y subimos la escalera
(que cruje en cada paso), depositas
con mimo tu sombrero
sobre el arcón, te quitas la chaqueta,
la cuelgas, muy piadoso, de su percha
y, con la voz en modo sentencioso,
me dices —lo oigo ahora,
por delante de todos los tumultos
del Universo—: «*Hónrame na casa,
qu'eu te honrarei na praza*».

7-XI-2024

Paloma, Macarena, Elena, Pili, chicas
que encendisteis en mi penosa adolescencia
el fuego incontenible
de unos torpes remedos de Poesía,

quién os hubiera dicho que en los versos
de aquel pobre diablo
vivíais una vida tan distinta
de vuestra vida y erais
tan diferentes de vosotras.
                                    Mientras
en vuestra habitación, entre peluches
y *posters*, repasabais los apuntes de Historia,
o ayudabais a vuestras madres en la cocina
o andabais fastidiadas con la regla,
o salíais corriendo, dejando el desayuno
a medias para no perder la «villavesa»,

en una playa de mi fantasía
corríais hacia mí,
la cabellera al viento y vestidas de blanco,
con los brazos abiertos, dispuestos al abrazo,
o, ante una chimenea
intimista, poniendo vuestra mano
sobre la mía —todo como a cámara lenta—,
sonreíais mi nombre,

o íbamos alejándonos, de espaldas, por un largo
camino como en el *The End* de las películas.

Qué cara os quedaría, me pregunto,
Paloma, Macarena, Elena, Pili,
si hubierais descubierto que teníais
aquella insospechada doble vida.

Monte da Tomba, 7-XII-2024

Por qué será que tantas veces vuelven
a mis horas aquellos cineclubes
de los años 60. Lo jóvenes que éramos...

Como te descuidaras
les volcaban encima a tus 18 años
uno de aquellos plomos metafísicos
de tedio escandinavo,
o una lennnnnnnnta, infiniiiiiiiiiita modorra horizontal
llena de samuráis, kimonos y subtítulos,
o un invierno con Monica
Vitti y con su marido y aquel aburrimiento
burgués en blanco y negro –eterno primer plano–,
que si el amor, la nada, la incomunicación...

Antes de media hora ya estaba levantándome
–sin importarme mucho alborotar
toda aquella penumbra pedantesca–
y aspirando contento, ya en la calle, la luz
y el aire de la vida. Lo jóvenes que éramos...

Quizás aquello vuelve tantas veces
porque ahora todo esto que tengo aquí delante
(que, la verdad, no sé si es mi patria, o es el mundo,
o la existencia-en-sí, que diría un Heidegger)

me abruma con la misma sensación
de Coñazo Profundo; quizás es que hoy querría,
como entonces, largarme y respirar de nuevo,
como resucitado,
la luz y el aire de la vida,
                              lejos
de toda esta empanada.

6-X-2021

SOBRE la vida cuánto nos enseñan
las fotos de los viajes.
Esa de Salamanca, por ejemplo, en la mesa
de una cafetería de la Plaza Mayor
–octubre, creo, del 68–,
o esta en Milán, delante de la Brera,
cuando aquellas jornadas de Poesía.

¿Quiénes serían esas japonesas
que entran con sus sombreros extraños y sus cámaras
(no había móviles) en la *galleria*?,
¿quiénes esos seis jóvenes –estudiantes, seguro–
que, detrás de mí, ríen,
con libros y bebidas revueltos en su mesa?
¿Cómo sería su vida, qué intereses,
qué luchas, qué alegrías, qué familias tendrían?,
¿a dónde los habrá llevado el tiempo?

Preguntas sin respuesta. Han quedado en las fotos
impersonales, casi
mero paisaje, como los viejos soportales,
los balcones, las nubes que atraviesan
la mañana lombarda
que la foto retiene. Se diría
que de aquellos momentos sólo yo sobrevivo.

Pero yo mismo, pienso,
ese que en Salamanca es un muchacho
con el pelo muy largo y cara despistada
y ante la Brera un hombre en su mejor edad,
estoy llamado, condenado por el tiempo,
a irme desvaneciendo en el anonimato
y ser también para alguien del futuro
una pregunta sin respuesta como
las que me estoy haciendo esta mañana.

10-III-2024

MI VIDA SEXUAL

Variación sobre un tema de Enrique García-Máiquez

MI primera vez fue con una veinteañera
inocente, y esbelta y fresca como el heno
de los prados gallegos de mi infancia.
Después, algunas noches, con una empoderada
(sin muchos prolegómenos porque a ella
la acosaba el trabajo).
En cambio, compartí grandes hazañas
con una madurita
que en el campo de pluma se las sabía todas.
Hubo una con el pelo teñido de un caoba
que parecía que la almohada estaba ardiendo.
Otra se me quedaba dormida nada más
acabar de. También tuve mis cosas
—fue muy emocionante—
con una madre de familia numerosa.
A otra le dolía la cabeza,
pero la convencí con la promesa
de un viaje. Con otra lo hice en Soria.
Con otra en la azotea,
sotto un manto di stelle. Inolvidable.

Que todas se llamasen con el mismo
nombre y que compartiesen
conmigo el mismo «libro de familia»
son detalles que encuentro irrelevantes.

Vista con perspectiva, mi vida sexual
no estuvo nada mal.

21-II-2024

VOLVER, después de tanto
tiempo y tanta distancia, a estos paisajes
en los que transcurrieron las mejores
horas de tu remota juventud,
y que te sean extraños los caminos
que entonces recorrías con los ojos cerrados,
y no reconocer los deslumbrantes
neveros que, pespunteados por el paso
temprano de los sarrios, orientaban
tu ruta hacia la altura,
y no tener los nombres de las cumbres
que siguen perfilando el horizonte,
ajenas a la usura de los años,
y sentir el dolor de tanta pérdida.

Tiempo ladrón, no voy a perdonarte
que hayas entrado a saco en mi memoria
y que te hayas llevado
tanta felicidad hacia la nada.

3-XI-2024

QUE debo darte gracias
por el conocimiento y la serenidad
que has ido concediéndome a lo largo del tiempo,
lo tengo más que claro. Son dones, no lo dudo,
que valen más que todas las fortunas.

Pero es cierto también que ver las cosas
con esta luz madura
tiene algo de castigo: noche y día
me deja en evidencia los errores,
los pecados y las estupideces
que llenan mi pasado. Y cómo duele
sentir que semejante
calamidad es uno mismo.
                   Cierto
que debo darte gracias,
pero, Señor, si hubieras decidido
dejarme de por vida en la torpe ceguera
de los catorce años,
ahora mismo sería tan tonto como entonces,
pero estaría alegre y satisfecho
como todos los tontos.

12-XII-2023

AHORA que ya mi tronco se desgaja
como en aquel soneto el de Panero,
ahora que en algún sitio un carpintero
corta ya la madera de mi caja;

a dos pasos del último recodo,
cuando ya toca hacer la puesta a punto
definitiva al alma, me pregunto:
¿Vivir no era algo más?, ¿esto fue todo?

Vuelvo la vista atrás y allí está aquel
chiquillo que, mirando hacia el futuro,
sueña posibles vidas para el

que irá siendo de joven, de maduro
y aun de abuelo tal vez. Pero seguro
que no sueña con ser este miguel.

14/15-II-2024

«SETENTA y siete años» –dicen–. «¡Es increíble!».
Que no los aparento, que haber hecho deporte,
lo bien que me conservo, no haber fumado, etcétera.

Yo les digo que gracias.
Pero la Biología tiene leyes que acaban
imponiéndose. Pronto
–dejémonos de cuentos: son casi 80 años–
me llegará La Hora.
                    Me consuela muchísimo,
como se puede imaginar, saber
que tumbado en mi caja seré un cadáver, pero,
gracias a haber tenido una muerte tan sana,
no lo aparentaré.

12-XII-2023

AFEITÁNDOME

UNA mañana más... No
puedo creer que sea yo
este señor gris y viejo
que aparece en el espejo
mirándome. La verdad
verdadera es que mi edad,
como otra vez escribí,
va por delante de mí
y que yo le sigo el paso
con décadas de retraso.
Qué raro sentir que voy
tan por detrás del que soy.
Qué raro, ya ante el abismo,
ser más joven que uno mismo.

Noche del 24 al 25-II-2024

PUESTO que al parecer no lo sabéis,
jóvenes, que estos versos os quiten la ignorancia:
de los sesenta y nueve a los setenta
no hay la misma distancia
que de los quince a los dieciséis.
Tenedlo muy en cuenta.

Porque cuanto mayor
va siendo nuestra edad,
el tiempo va más rápido (y peor).
Aquella eternidad
que allá en nuestra niñez se interponía
entre el verano y la Semana Santa,
los Sanfermines y la Navidad,
se va acortando un poco cada día
y de pronto resulta que no hay tanta
distancia entre 2000 y 2020,
entre el final de un siglo y el medio del siguiente,
entre el yo adolescente
y el yo abuelo de adolescentes. Y
que nos vamos de aquí
cada vez más vertiginosamente.

25-II-2024

NADA más triste que este mar de invierno
con la lluvia cerrando el horizonte
y el vuelo silencioso de unas aves
que se diluyen en la lejanía.

Sobre la playa pesa el cielo oscuro,
y en la orilla, monótonas, las olas
vienen y van, moviendo, confundidos
en una misma broza, algas podridas,
trozos tiesos de cuerda, plumas, bolsas
de plástico y pedazos de madera.

Nada más triste que este mar sombrío,
esta desoladora soledad.

No sería tan triste si no fuese
un misterioso espejo de algo mío.

13-1-2024

MI mundo es el de aquellos dos recios guías alpinos
que en el amanecer de un cuadro de Otto Barth,
firmes sobre la cumbre nevada del Grossglockner,
besan la Cruz rezando un padrenuestro.
Cuadro en el que mi vida, ya casi culminada,
se reconoce como en un espejo;
y «a buen entendedor, pocas palabras».

Mi mundo es el de Gino Bartali cuando sube
pedaleando duro
por las carreteritas campesinas
de la Toscana, con papeles escondidos
–sobre esto ya escribió Julio Martínez
Mesanza– por los recovecos de su bici
para salvar judíos. A 800
arrancó de las manos de la muerte,
campeón de humanidad también.

Mi mundo son
las últimas secuencias
de *El Álamo*, es la Madre Teresa de Jesús
a lomos de una mula por los adustos páramos
y los mesones broncos de Castilla,
es Tomás Moro, en cuya cabeza degollada
aún seguía brillando la sonrisa.

Mi mundo
no se encuentra en los mapas ni tiene fechas. Es

el de los que resisten. En Numancia, en la iglesia
de Baler, el alcázar de Toledo
o este tiempo sombrío.
Valor, Honor y Fe, no esta miseria.

Monte da Tomba, 31-I-2024

MEIN KAMPF

OTRA mañana de invierno.
Otro lunes como tantos.
Ya está Jiménez Losantos
atizándole al gobierno,

ya vuelve la melodía
que borda mi amigo el mirlo
y yo, ¿por qué no decirlo?,
cristianizo el nuevo día.

Una ranchera en la ducha
y ya, con el colacao
y la fruta consabida,

estoy de nuevo en la lucha,
decidido a dejar KO
a la puñetera vida.

23-III-2022

LAS ÚLTIMAS CASTAÑAS

APENAS quedan cuatro pobres hojas
del color del tabaco en los grandes castaños
que hace tan poco, espléndidos, lucían
como heraldos triunfales anunciando
la vuelta del otoño con sus dones.

El otoño se acaba. Ya han llegado los fríos;
ya no hay nadie vagando por los *soutos*
con su bolsa, rompiendo el silencio del monte,
rebuscando en el suelo
donde por los erizos abiertos se asomaba,
limpia y bruñida, una
nueva generación de castañas. Y el mismo
cielo parece, gris y arisco y feo,
querer abandonar
a sus viejos amigos, los castaños.

Pero yo también amo este momento.
Las últimas castañas, raquíticas, chafadas
por el peso del tiempo y las primeras lluvias,
yacen entre hojarasca
que va descomponiéndose y volviendo a la tierra,
y tanta muerte va nutriendo así la vida
nueva que llegará en la primavera
vestida de futuro.

Esas tristes castañas, confundidas
con la broza y el barro, esta mañana
ya han nutrido en mi alma estos humildes versos.
Y una lección: que todo lo que ha muerto
en mí, si fue esplendor alguna vez,
ha de ser alimento de mi vida futura.

Monte da Tomba, 22-XI-2023

SIEMPRE que un verso me reclama
a las 4:46,
entrometiéndose en mis sueños,
y me despierta para que
sin esperar a la mañana
lo deje en paz en un papel,
y con táctica de mosquito
me ronda una y otra vez,

se me presenta en la memoria
mi bisabuelo don José
Estévez, médico de un pueblo
agropecuario, al que también
lo reclamaban a altas horas
para atender a una mujer
de parto, un cólico, la coz
de alguna vaca o yo qué sé.

Lo veo salir a la intemperie
con su capote, montar en
la yegua y, con el maletín
sobre el arzón, entrar en el
silencio inmenso de la noche
para cumplir con su deber.

¿Ha de ser menos un poeta?
Cada uno tiene su «*My Way*»,
pero yo siempre que algún verso
me llame, me levantaré.

15/19-II-2024

EL 23 de mayo de 2024
comenzó siendo una constante algarabía
de pájaros adelantados a la luz
—una diana silvestre que invitaba a sumarse
a la nueva jornada—. Llegaron, como siempre,
entremezcladas con mi desayuno,
las noticias del mundo. Con fresco mañanero
subí al Monte da Tomba,
pasando ante la fila de castaños
como si fuera un presidente de gobierno
en visita oficial. El sol se encaramó
en lo más alto de la mañana. Los prados
no cabían en sí de tanta primavera.
A mi regreso a casa me esperaba
el libro de un amigo poeta. Una tras otra,
desfilaron las horas con su carga de cosas
nuevas y viejas —gente, músicas, oraciones,
trabajos, versos...— hasta que el día, satisfecho,
bajó al fin la persiana. «Buenas noches».

El 23 de mayo
de 2024 cumplió su cometido.
Ahora me toca a mí cumplir el mío:
convertirlo en palabras que lo salven
de las aguas del tiempo.

23-V-2024

LA foto del abuelo que llevé a mi salón
para que su figura,
que coprotagoniza tantos de mis recuerdos,
ocupara también,
en justa simetría, el centro del espacio
de mis costumbres diarias,
día tras día la luz la ha ido apagando. Ahora
los rasgos de su rostro,
vagos en el pasado y hoy también en la foto,
exigen un esfuerzo
no sé si de mi vista o si de mi memoria.

La culpable, la luz;
la misma luz, principio de vida y alegría,
que tanto celebramos
todos desde el primer capítulo del Génesis.
Pero hoy he descubierto
que puede hacernos daño, que hay en ella también
un poder destructor,
el que ahora está llevándose la cara del abuelo
como la llevó el tiempo.

Siento que detrás de esto hay una metafísica,
y quisiera captarla
y explicársela al mundo en unos versos, pero,
por mi mala cabeza,
ni con muchos intentos lo he logrado. Me rindo.

Va a ser verdad aquello
que proclamó una vez un tipo sin un pelo
de tonto: «Miguel d'Ors
siente pero no piensa». Aquí tienen la prueba.

5-IV-2024

A UN POEMA SURGIDO EN UNA TEMPORADA DE SILENCIO

Traducido de Alice Meynell

¿QUIÉN te buscó, pequeña canción mía?
Este invierno del corazón callado del poeta
contigo se me vuelve de pronto dulce; pero
lo que eres, flor en medio del invierno,
quisiera yo poder adivinarlo.

¿Eres la última –una criatura abandonada–
de tu linaje? ¿Te hizo nacer el calor último
del verano ya muerto, o está la primavera,
sin yo saberlo, agazapada en mí,
pujando hacia la luz, y tú eres un indicio?

¿Dónde habré de buscar –atrás o en el mañana–
otras con tu fragancia, hija secreta?
¿Quién sabrá si te reivindican como suya
las postreras o las primeras cosas?

¿Puedes ser tú la última sonrisa de mi pena
o un gozo exagerado, demasiado insensato?
Violeta de diciembre, ¿cómo debo llamarte?

6/8-XI-2024

QUE este momento no acabase nunca.
Que este sol que bendice
los carballos, los prados jóvenes, la quietud
de esas vacas, las cumbres
que se suceden en el horizonte,
no se apagase; que el apacible asfalto
por el que el coche avanza, obediente a mis manos,
la música del aire que atravieso,
el suave perfil de ella, reclinada,
con los ojos cerrados,
sobre el respaldo, aquí a mi lado, todo
siguiera siempre así... No pido más, Señor.
Aunque nunca pudiese ver la luz de Tu rostro,
ya es bastante sentir de esta manera
Tu amorosa presencia en cada cosa.
Si este momento no acabase nunca,
esto me serviría como Cielo.

Noche del 12 al 13-V-2024

PARA quererte, a mí, Señor, me mueve
todo lo que me das cada momento:
la gran sonrisa azul del firmamento,
el fulgor restallante de la nieve

en el Arriel o el Bisaurín, el breve
esplendor de una rosa, el movimiento
de los trigos besados por el viento,
las rúas de Santiago cuando llueve...

Todo lo que me das; y de tal modo
reconozco Tus manos amorosas,
Señor, detrás de todas esas cosas

que, arrodillado, siento que aunque todo
lo que Tu amor me da no me lo diera,
lo mismo que te quiero te quisiera.

17-XII-2023

No sé cómo será. Quizás allí
no encontraré de nuevo
los momentos, las cosas, los lugares
que alguna vez me hicieron
feliz; pero, aunque fuese así, la Fe me dice
que ignoraré su ausencia, que la Felicidad
absoluta que tengo prometida
contendrá, de una forma
que esta vida no alcanza a comprender,
si no los días dorados de «A Costa» con las vacas,
el «León» y el amor de los abuelos
ni la sonrisa de mi novia reflejada
en un escaparate del *carrer* Petritxol
ni la nieve compacta del glaciar del Aneto
en un amanecer limpio de julio,
sí las felicidades que a través de los años
fueron llegando a mí unidas a esas cosas,
esos momentos y esos lugares. Y a la luz
del rostro del Eterno veré que lo que importa
no es la leña sino la llama que sustenta.

27/28-XI-2024

¿QUIÉN no celebrará los adelantos
de la vida moderna, los aviones,
los pantalones, la penicilina,
el fútbol, el teléfono, la imprenta,
la justicia social, la lavadora
y todo este tinglado?
                    Pero, aun estando así
de claro que cualquier tiempo pasado
no fue mejor (al menos, no para todo el mundo),
qué me dicen de aquellos patriarcas
que vienen y que van
por las páginas del Antiguo Testamento
–aquí pongo las tiendas, aquí quito las tiendas–
con sus rebaños, sus mujeres, sus concubinas,
sus hijos, sus esclavos y su ajuar de oro y plata.

Que el desierto es jodudo no lo dido,
y sin baños ni móviles ni nada.
Pero que no me digan
que aquella gente, valorado todo,
no tenía más fáciles las cosas:
tres o cuatro mujeres y ocho o diez concubinas;
y sin pecar, los tíos.
Y cada dos por tres, Yahveh que les hablaba
personalmente o se les presentaba
de alguna forma como una evidencia.

Ahora
lo tenemos más crudo por mucha agua corriente
y mucha luz eléctrica que tengamos en casa.
A ver quién va a negar
que a nosotros, los pobres cristianos de este tiempo,
Dios nos exige más continencia y más Fe.

3-VII-2021

BRUJAS, videntes, magos africanos,
personajes de género dudoso
que atisban tu futuro por el poso
de tu café o las líneas de tus manos,

zombis, vudús, astrólogos, arcanos
de los templarios, güijas, profecías
de Nostradamus o San Malaquías,
tarotistas, fantasmas y marcianos;

retablo de patrañas y quimeras
con que este tiempo engaña su vacío
a falta de mejor ocupación.

Pero si casualmente te atrevieras
a decir «Dios», se pasmará: «Jo, tío,
que estamos en la Edad de la Razón».

7-I-2024

Y vosotros, divísimos (pero también divísimas),
que descendéis con tanto tatachán
a entrevistas, coloquios y cursos de verano,
¿no os acordáis de Lesmes, que jugaba
en el Valladolid?

Lesmes, Francisco Lesmes (aunque daría lo mismo
su hermano Rafael, Lesmes II),
que en el álbum de cromos de la liga,
en nuestros ecuménicos bolsillos
y en todo el trapicheo de al salir del colegio
cada año se mezclaba con Di Stéfano,
Puskas, Gento y Kubala,
tan necesario como cualquier otro
para tener la colección completa.

Pero fueron pasando las ligas y los años,
y los cromos, y nuestra infancia, y Franco. Ahora
ya veis cómo en el once titular del recuerdo
siempre forman Di Stéfano, Puskas, Gento y Kubala,
pero ¿de Lesmes quién se acuerda? ¿Y dónde
habrán ido a parar todos aquellos álbumes?

Así que, a ver, figuras, aplicaos el cuento;
por si acaso, bajad de la cuadriga

y desinflaos un poco, que ya está aquí el futuro,
el mejor de los seleccionadores.

23-II-2022, subiendo al monte Salgueirón

MANZANAS A LA LUZ DE LA LUNA

Traducido de John Drinkwater

En el desván reposan en filas las manzanas
y por la claraboya entra la luz
de la luna, y esas manzanas
son manzanas de un verde
como del fondo del mar. Una nube
pasa sobre la luna en la noche de otoño.

Un ratón en las tablas del pavimento araña
y araña, y después ya
no suena en el desván ruido de hombres
ni de ratones, y la nube vuela, y sigue
la luna moteando las manzanas
con luz como del fondo del mar.

                          Allí reposan
bajo las lóbregas vigas, en filas,
en el piso hundido; reciben los torrentes
de plata que derrama la luna; esas manzanas
de ensueño a la luz de la luna;
y debajo está quieta la empinada escalera.

Abajo en los pasillos
no hay nada más que sueño y, más inmóviles
que jamás estuvieron en las ramas del huerto,
continúan su cita
con la luna, y profundo es el silencio,

profundo sobre las prodigiosas manzanas
bañadas por la luna.

29-XI-2022

SIEMPRE que la memoria me repite
aquellas tres horitas frente al monte Castelo
—agosto al rojo vivo—, esperando, esperando,
con un hambre etiópica, esperando
a 34 grados,
dentro de un nubarrón rabioso y negro
de moscas de caballo con refuerzo de tábanos,
que *Mademoiselle* tuviese a bien volver conmigo,

o aquel atardecer rojo y helado
en la Sierra de Ancares
en el que, de regreso a la Campa da Braña,
una vez más oyó por sus adentros
la voz remota de sus genes cazadores
y, noche abajo, desapareció,
y yo no pegué ojo
por culpa de los sapos y culebras
que exhalaba mi furia
embutida en el saco y del recuerdo
de las 80.000 generaciones
de perros y de perras
que desde la apertura del Arca de Noé
se cruzaron en turbios mestizajes
para que al fin saliera
ella,
        o cuando revivo el sinvivir
—ahora un *resinvivir*— de aquellos seis penosos,

seis infinitos días
—su *record* personal de indisciplina—
de fuga aventurera por las breñas
de Fornelos de Montes,
que me hicieron movilizar a media España
tras la muy sinvergüenza, y al final el reencuentro,
con aquellos ojitos de Hija Pródiga
(que tenía, seguro,
más que bien ensayados),
                              y todas sus demás
—y nunca mejor dicho— perrerías,
desde las vomitonas en el coche
a los haces de pelo
desparramados por la casa,
                              cuando, en suma,
recuerdo nuestros años convividos,
tengo las cosas claras:
—«¿De verdad no querrías que volviese a la vida?,
¿no pesaría más en la balanza
la fiel presencia con que animaría
tus costumbres diarias
que todos los berrinches que pudiera causarte?».
—«De ninguna manera», digo muy firme.
                              Pero
debajo de esa voz hay, más adentro,
un silencio que duda
y sabe que esa duda en el fondo ya es
una forma de amor.

12-1-2024, en la ducha y en el monte Castrove

SCHERZO PARA LUIS ALBERTO DE CUENCA, POETA Y ERUDITO

QUIEN es capaz, como este
sabio, de unir en su vida
cosas como La Movida,
los clásicos del Oeste,
la fíbula de Preneste,
el cómic de los 40,
Waltharius, la Cenicienta,
los trovadores y Hergé,
no cabe duda de que
es un pájaro De Cuenta.

28-II-2024

PRIMERO fueron fugas en su memoria: un día
un nombre no acudía a la llamada,
otro día una fecha, el paradero
de unas llaves, la cita en el ambulatorio...;
y así, semana tras semana, como
la carcoma trabaja sordamente día y noche
deshaciendo los muebles, el tiempo fue dejándola
sin pasado reciente. Recordaba,
sonriendo luminosa, su niñez marinera,
los miedos de la guerra, las monjas del colegio
y la forma en que hablaban en Granada,
pero su desayuno de aquel día
estaba ya borrado de su conciencia. Luego
fueron desvaneciéndose también
las escenas remotas y la vida
se le redujo a solo presente. Poco a poco
la abandonó también
la Lógica. «–¿Qué hiciste esta mañana?».
«–Me gustó mucho, gracias», sonreía,
en un Dadá patético, o «–Sí, pero
ellos no se llevaron lo de Puente-Caldelas».
Después fue ya el lenguaje
lo que se le escapó, y su conversación,
si es que aquello se puede llamar con este nombre,
era una sucesión de neologismos
impenetrables, siempre sonreídos.

Ya hundida en el silencio
definitivo, de tanto naufragio sólo
quedaba a flote la sonrisa, aquella
sonrisa infatigable, resistente
a todos los ataques de los años. Al fin
su vida no era más que una sonrisa. Pero
cuánto es una sonrisa.
Y seguro que Dios tiene mandado
que las sonrisas pasen directamente al Cielo.

26/28-XII-2022

PROSAICO

PARA los ciudadanos de los antiguos reinos
de la mitología,
amor era la fuerza misteriosa
que sostuvo las vidas
de Hero y Leandro, Píramo y Tisbe, Orfeo y Eurídice,
etcétera. Y después, las de Romeo y Julieta,
Paolo y Francesca o los Amantes de Teruel.

No seré yo quien diga
que no es una fuerza misteriosa
que enciende, desbarata, ilumina, destroza
y justifica vidas –quien lo probó lo sabe–;
pero confieso que donde mejor la veo
es –aunque a muchos pueda parecerles prosaico–
en ese viejo que, tan bien vestido,
empuja por la acera una silla de ruedas
en la que va su esposa con alzheimer.

20-X-2023

Es cierto que estoy solo
desde que tú te has ido

y que no es buen plan ser
pareja de uno mismo;

pero también es cierto
que todo es relativo:

mucho más solo estaba
cuando estaba contigo.

8-XII-2022

NADIE a mi lado. En mis
risas y llantos, nadie.
Nadie. De noche, nadie
compartiendo mi almohada.
Nadie que esté esperándome
cuando regreso. Nadie.
Nadie.
        Tiene tu cara,
tu voz, tu misma forma
de decirme que no.

12-IV-2023

Pᴇɴsᴀʀ que moriré sin saber cómo suenan,
oídas a su lado, las campanas de Orvieto,
con qué luz llena el alma una copa de oporto
bebida junto a ella, qué perfume tendrán,
oliéndolas cogidos de la mano, las rosas
inglesas, cómo es una nevada si sus ojos
la miran por la misma ventana que los míos,
qué dice a una pareja enamorada el saxo
de Sonny Rollins en *«God Bless the Child»*...
Tantas cosas hermosas que se han ido con ella...

14-V-2024

TARDE de melancolía
otoñal, lánguida y bella
como un verso de Verlaine.
Suena el silbido de un tren
perdido en la lejanía.
Se apaga la tarde. En
una ventana destella
el último sol del día.
De un campo remoto sube
hacia el cielo el humo de una
hoguera. Lenta, una nube
vela el rostro de la luna.
Una solitaria estrella
le pone a la tarde un punto
y aparte.
            Y yo me pregunto,
por qué el paisaje, la hora,
la estrella madrugadora,
la luna, la nube, todo,
de algún misterioso modo,
está hablándome de ella.

5-II-2025, volviendo del Monte da Tomba

TRÍPTICO CONYUGAL

I. CONFESIÓN

NI Beethoven ni Bach
ni el matutino
—y mira que me gusta—
«*Gloria*» del mirlo;
no hay música más grata
para mi oído
que sus pasos descalzos
por el pasillo.

12-II-2024

II. VENUS DE CIRENE

> «Las manos de la diosa
> no prodigan
> calor».
> VÍCTOR BOTAS

LA perfecta belleza.
El arte griego en todo su esplendor.
La miro y me conmuevo, claro; pero
a la hora del amor
tu canon imperfecto
es mil veces mejor,

con tus kilos de más, tus cicatrices,
tus uñas maltratadas, tu sudor
y en tu espalda la marca persistente
del sujetador.

6-I-2025

III. NOCTURIA

DESPIERTO. Con qué paz,
a mi lado y muy lejos,
ella respira.

Las puntas de mis pies
buscan entre lo oscuro
las zapatillas.

Vaya gerardodiego
hacemos, yo en el baño
y ella dormida.

Noche del 12 al 13-II-2024 y noche del 29-II al 1-III-2024

SE acerca el fin. Ya es hora
de ir preparando el equipaje.
Amor, mi despedida
será decir sencillamente «Gracias»;

porque cómo encerrar
en un momento tanta vida. Quedan
aquí unos pocos versos
de los que fuiste el por y el para.

Me voy. Ya nunca más
te nombrará mi voz estremecida,
ya nunca más mis ojos volverán
a acariciar tu piel, ya nunca nada;

pero no te ensombrezcas,
porque me iré sin irme,
porque, aunque ya no encuentres
mi calor junto a ti cada mañana,

aunque esta carne que fue nuestra sea
sólo un rincón de tierra fría,
en todos los lugares que dejaré vacíos
te seguirán queriendo estas palabras.

6-II-2022, por la sierra del Candán

A la querida memoria de mi hermano Javier (1948-2024),
al que la Providencia de Dios tuvo a bien conceder las virtudes
de la Prudencia y la Discreción
y, por añadidura, la mitad de lo que de ellas,
en un reparto equitativo entre los dos,
habría correspondido a su hermano mayor,

Miguel

ÍNDICE

ACABOSE DE IMPRIMIR ESTE LIBRO

EL DÍA 10 DE NOVIEMBRE DE 2025